10 EIS
AN EINEM TAG!

Bettina Gundermann | Alexandra Langenbeck

CARLSEN

1.

Heute esse ich zehn Eis, denkt Linn, schlägt erst die Augen auf, danach die Decke zurück und dann springt sie aus dem Bett. Sie schlägt einen Purzelbaum, kommt in den Stand und verbeugt sich vor ihrem Publikum. Die Zuschauerinnen und Zuschauer haben Knopfaugen und sind aus Plüsch. Sie sitzen im Regal, auf dem Boden, auf dem Stuhl und auf dem Tisch. Nie applaudieren sie, wenn Linn einen Purzelbaum macht, aber Linn hört sie trotzdem klatschen.

Linn freut sich, denn sie hat noch nie zehn Eis an einem einzigen Tag gegessen. Das ist eine richtig gute Idee.

Wenn Linn sich freut, ist sie federleicht, sodass niemand hört, wenn sie durchs Haus läuft. Niemand – außer natürlich der stets übellaunigen Fee Huberta Moloch-Meyer. Huberta kann nämlich sehr gut hören und sehen. Sie kann auch fliegen, Glitzer zaubern und ihn anschließend über einen Kilometer hoch werfen und sie kann noch viel mehr. Trotzdem ist sie immer mies drauf. Und weil Huberta das schon irgendwie ungerecht findet, will sie auch anderen, besonders Kindern, den Spaß verderben.

Linn ist geräuschlos am Schlafzimmer ihrer Eltern vorbeigefedert. Linns Eltern schlafen sonntags, so lange sie können, und meistens träumen sie nichts Besonderes. Linns Mama träumt von ausgelatschten Schuhen, die im Schatten eines Baumes liegen, oder von einem Fisch in einem Teich, der nichts weiter tut, als hin und her zu schwimmen und vor sich hin zu glotzen. Linns Papa träumt von einem Schreibtisch, auf dem viel Papier liegt, oder von einem Glas Saft auf einem kleinen Stuhl vor einer blumigen Tapete.

Da ihre Träume so unheimlich ermüdend und öde sind, schlafen Linns Eltern besonders lang, wenn kein Wecker klingelt. Sonntags klingelt der Wecker nie.

Linn hat immer aufregende Träume. Von Elefanten, die

mit ihren Rüsseln Ballons aufpusten, oder von hundert-
tausend Stelzenläuferinnen, die durch die Stadt stelzen
und auf jedes Häuserdach spucken. Aus der Spucke entwickeln sich bunte Tierchen, sehr niedlich. Aber immer wenn
Linn in ihrem Traum endlich ein Dach erklommen hat und
solch ein Tierchen in die Hand nehmen will, wird sie wach.
Manchmal träumt Linn sogar von Feen.

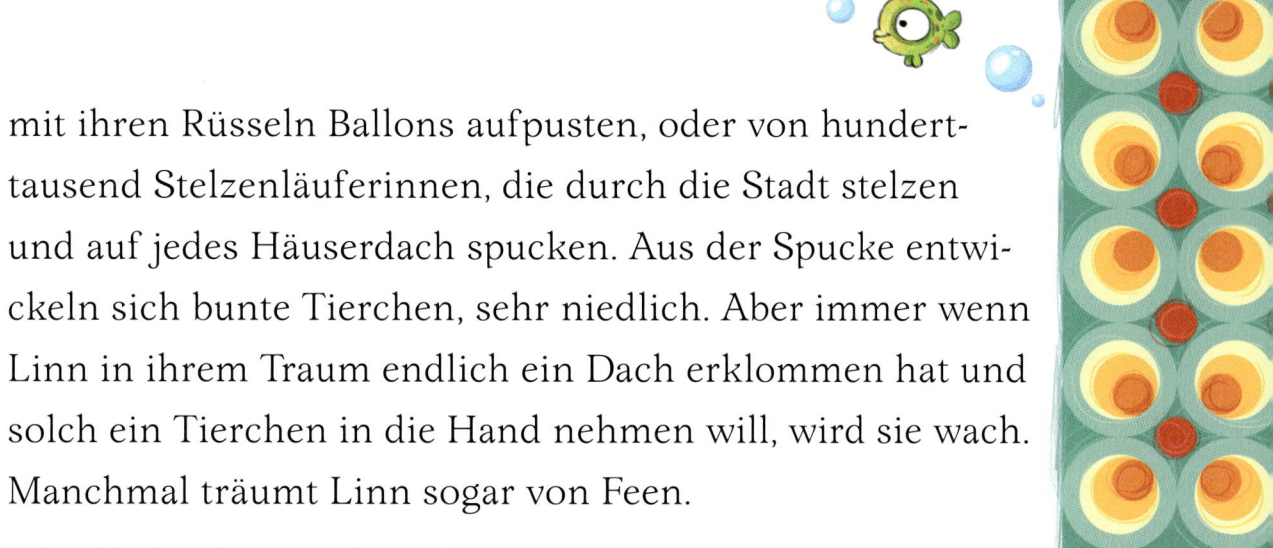

Natürlich weiß Linn, dass es keine Feen gibt.

Natürlich weiß Huberta, dass es Kinder gibt, die nicht
an Feen glauben, schon gar nicht an fiese und übellau-
nige. Wenn überhaupt ein Kind an Feen glaubt, dann an
gute Feen, die Geschenke bringen, wenn ein Milchzahn aus
einem Mund gefallen ist, oder die einen Wunsch erfüllen,
weil eine Wimper weggepustet wurde.

Als hätten wir nichts Besseres in unserem
Leben vor, als blöde Wünsche zu erfüllen und
den Verlust von Milchzähnen zu feiern,

denkt Huberta, sobald in ihrer Nähe ein Kind oder ein Erwachsener von den »lieben, herzigen Feen« spricht.

Linn will also heute zehn Eis essen. Komme, was wolle. Das klingt nach einem guten Plan, einem glasklaren Ziel, nach einer großartigen Idee. »Und hier ist auch schon das erste Eis, yippie yeah!«, ruft Linn in der Küche und reißt die Tür des Eisschranks auf.

Hehehe, denkt Huberta Moloch-Meyer und reibt sich ihre klebrigen Händchen. Sie hat sich im Brotkasten versteckt und späht durch einen kleinen Spalt hinaus – mit Himbeereisgeschmack im Mund. Denn sie hat in Windeseile das allerletzte Eis aus dem Eisschrank stibitzt und sich einverleibt.

»Mist«, sagt Linn leise. Kein Eis mehr da. Dabei war sie so, so, so sicher gewesen, dass gestern noch mindestens ein Eis im Eisfach lag. Sie wird ein bisschen wütend, denn sie denkt, dass ihre Eltern das Eis weggegessen haben. Bestimmt haben sie es sich geteilt.

»Ach, macht nichts«, sagt sie schließlich zu sich selbst. »Es ist ja noch früh am Tag, die zehn Eis schaffe ich dicke.«

Die Fee im Brotkasten schnaubt verächtlich, so hat sie sich das nicht vorgestellt! Dass Linn sich nur so ganz kurz und minimalistisch ärgert. Na warte, denkt Huberta und knabbert ein bisschen an dem halben Roggenmischbrot, um den Himbeergeschmack wegzukriegen. Sie mag überhaupt nicht gern Fruchteis.

  2.

Henri wohnt neben Linn. Freunde sind sie, ganz und gar. Linn und Henri. Henri und Linn. Sie kennen sich ein Leben lang. Letzte Nacht hat Henri einen Milchzahn verloren. Als er aufwacht, spürt er zuerst die Lücke im Mund, und als er die Augen aufschlägt, entdeckt er ein Geschenk auf seinem Kopfkissen. Hübsch verpackt, kleine Schleife drum. Typisch Zahnfee.

»Mama!«, ruft Henri. »Die liebe Zahnfee war da!«

Die liebe Zahnfee, von der hier die Rede ist, steht freudig und pochenden Herzens zwischen zwei Büchern im Regal, ganz oben, und errötet vor Glück. Nichts ist Tusnelda Wimperklimper eine größere Freude, als Menschen, vor allem Kinder, glücklich zu machen.

Henris Mama eilt herbei, Henri knibbelt mit vor

Vorfreude glühenden Augen und einem Zahn weniger das Päckchen auf.

»Boah!«, ruft er und hält das Buch über die größten Irrtümer der Menschheitsgeschichte empor. So lange hat er sich dieses Buch gewünscht und bis heute nie bekommen. Stundenlang hat Henri in der Buchhandlung gestanden und dieses Buch betrachtet, immer heimlich beobachtet von Tusnelda Wimperklimper.

Und jetzt das! Wahnsinn! Hammer! Wow! Unglaublich! Die Zeit steht still, die Welt hält den Atem an! Dieser Tag beginnt wie ein Fest für Henri.

Es klingelt an der Tür.

Wer mag das sein?

Henri weiß es.

Henris Mutter weiß es.

Und Henris Vater, der in der Küche Eier brät, weiß es auch.

3.

Es ist, wie nicht anders zu erwarten war: Linn.

»Habt ihr Eis?«, fragt sie Henris Vater unverblümt.

»Nicht dass ich wüsste, aber schau selbst nach. Henri ist oben, ich glaube, die Zahnfee hat ihm letzte Nacht einen Besuch abgestattet.«

Das kann nur Tusnelda Wimperklimper sein, denkt Huberta. Natürlich ist sie Linn hinterhergeflattert, schließlich gilt es, ein Kind zu zermürben.

Linn eilt in die Küche, öffnet den Eisschrank, sieht
Spinat, Pommes und Fischstäbchen. Aber kein einziges Eis.
Nicht mal ein halbes. Sie schließt die Tür und springt aus
der Küche. Huberta grinsend
hinterher.

»Henri«, sagt Linn wenig später. »Ich habe mir vorgenommen, heute zehn Eis zu essen. Ich freue mich so sehr darauf. Denn wie du weißt, liebe ich Eis!«

»Ja«, sagt Henri. »Ich weiß.«

Linn umarmt Henri. »Ich gratuliere dir zur Zahnlücke«, sagt sie.

»Danke!«, strahlt Henri. »Schau nur, was die Zahnfee mir gebracht hat.«

»Cool«, sagt Linn. Sie reißt den Mund auf. Mit Daumen und Zeigefinger ruckelt sie an ihrem Wackelzahn.

»Der braucht auch nicht mehr lange«, stellt Henri fest.

Dann blättern die beiden in den größten Irrtümern der Menschheitsgeschichte und staunen nicht schlecht.

Derweil stehen sich zwei Feen gegenüber, gut versteckt hinter einem Walross aus Plüsch. Zwei Feen, wie sie unterschiedlicher nicht sein könnten. Unterschiedlich wie Feuer und Eis, Sommer und Winter, Schwarz und Pink, Punk und Schlager.

»Was machst du denn hier?«, eröffnet Tusnelda das Gespräch.

»Das könnte ich dich genauso gut fragen«, gibt Huberta patzig zurück.

»Ich habe dem Jungen ein Milchzahngeschenk gemacht«, antwortet Tusnelda und lächelt.

»Ekelhaft, wie du immer versuchst, dich bei den Kindern beliebt zu machen«, zischt Huberta bösartig. Am liebsten würde sie Tusnelda feste kneifen oder grob schubsen, so sehr regt sie sich über Tusneldas Freundlichkeit auf. Aber einen Rest Beherrschung hat sich diese verbitterte Fee doch noch bewahrt.

»Es ist aber auch nicht schön, dass du immer versuchst, dich bei den Kindern unbeliebt zu machen«, antwortet Tusnelda.

»Pah! Die glauben eh nicht an mich. Nur an so doofe Einschleimerinnen wie dich«, schnauzt Huberta einen Tick zu laut.

»Was war das?«, fragt Linn prompt.

Die Feen erstarren hinter dem Walross. Nichts ist schlimmer für eine Fee, als von einem Menschen gesehen zu werden. Das ist das Allerallerallerkrassesteschlimmste,

was einer Fee zustoßen kann, vollkommen egal, ob sie nun herzig ist oder fies.

Was genau passiert, wenn eine Fee entdeckt wird? Darüber gibt es keine Gewissheit. Denn es wurde noch nie eine Fee von einem Menschen gesehen, zumindest keine echte. Menschen kennen nur Bilder von Feen und Skulpturen und sie kennen Feen aus Gummi, Ton und Stoff. Diese Feen sehen so aus, wie Menschen sich kleine luftige beflügelte Lebewesen vorstellen. Aber wie Feen wirklich ausschauen, weiß niemand.

»Hast du das etwa auch gehört?«, fragt Henri.

»Das klang wie ein Schimpfen«, sagt Linn.

»Ganz genau so klang es«, sagt Henri.

»Dann war's wohl kaum die Zahnfee«, sagt Linn und lacht.

Henri lacht mit.

Das Kinderlachen macht Huberta Moloch-Meyer noch giftiger. Und in ihrem Zorn schwört sie sich: Kein einziges Eis wird diese lustige und lachhafte Linn heute schlecken. Nicht ein einziges!

4.

Es ist erst acht Uhr und Signor Bernardi ist noch im Tief-
schlaf. Sonntags öffnet er seine Eisdiele erst um dreizehn
Uhr. Das sind noch eins, zwei, drei, vier, FÜNF Stunden!
»So lange kann ich nicht warten«, ruft Linn.

»Wann öffnet das Büdchen?«, fragt Henri seine Eltern.

Sie wissen es nicht.

»Dann gehen wir einfach mal hin. Vielleicht habe ich Glück«, schlägt Linn vor.

Henri ist einverstanden. (Obwohl er sich nur ungern von den größten Irrtümern der Menschheitsgeschichte trennen mag.)

»Hast du denn Geld dabei?«, fragt Henris Mutter.

Linn schüttelt den Kopf. Huberta Moloch-Meyer grinst hämisch. Beim hämischen Grinsen machen die Augen

nicht mit. Nur der Mund verzieht sich nach oben, aber es sieht überhaupt nicht freundlich aus.

Tusnelda Wimperklimper ist immer noch ganz aufgeregt, schließlich wurden sie und Huberta fast von Menschenkindern gesehen.

»Wir sind so gerade mal eben noch davongekommen! Und du hast nichts anderes im Sinn, als hämisch zu grinsen«, flüstert sie empört.

»Ich hatte keine Angst, ich hab überhaupt nie Angst, ich bin Huberta Moloch-Meyer und ich kenne weder Angst noch Mitleid noch Vorfreude noch Freude im Allgemeinen noch Witzigkeit noch ...«

In dem Moment drückt Henris Mutter jedem Kind zwei Euro in die Hand. Für Eis. Vom Büdchen. Huberta rauft sich das Haar. Tusnelda lächelt erleichtert.

Natürlich folgen die Feen den Kindern. Huberta, um Eisessen zu verhindern, Tusnelda aus schierer Neugierde.

Zum Büdchen ist es nicht gerade weit. Einmal nach rechts drehen, dann zwanzig Henrischritte, sechzehn Linnschritte, zweihundert Hubertaflügelschläge und hundertvierzig

Tusneldaflügelschläge geradeaus, dann abbiegen und schon ist man am Büdchen.

Es ist geschlossen.

Frau Palm, der das Büdchen gehört, liegt auch noch im Tiefschlaf. Sonntags öffnet sie um zehn Uhr. Keine Sekunde früher. Keine Sekunde später. Sondern Punkt zehn. Da können noch so viele Kinder mit Zwei-Euro-Münzen vorm Thekenfenster stehen.

Ein verschlossenes Thekenfenster ist für eine Fee kein Hindernis. Feen kommen so gut wie überall rein, wenn sie wollen. Sie sind, wie die Menschen schon immer ange-nommen haben, tatsächlich sehr, sehr klein und meist von zierlicher Statur. Aber selbst für eine üppige Fee ist der Einstieg ins Büdchen kein Hexenwerk.

Schon flattert Huberta durch zwei Holzlatten hinein. Tusnelda hinterher. Beglückt steuert sie auf die sauren Weingummigurken zu.

Während Tusnelda sich an einer sauren Gurke labt, greift Huberta zu ihrer Minibohrmaschine und beginnt, Löcher in die Eistruhe zu bohren. Ganz viele kleine nebeneinander

ergeben ein Loch in der Größe, die Huberta braucht, um ins Innere der Truhe zu schlüpfen. Handwerkliches Geschick wird meist Menschen und Wichteln zugesprochen. Aber das ist ein großer Irrtum der Menschheitsgeschichte. Selten ist eine Fee ohne gut ausgestatteten Handwerkskoffer unterwegs. Bei berühmten Bauwerken wie beispielsweise dem Eiffelturm in Paris, der Kathedrale Sagrada Família in Barcelona oder dem Guggenheim-Museum in Bilbao hatten weder ein Herr Eiffel noch ein Herr Gaudí noch ein Herr Gehry noch ein Wichtel die Finger im Spiel. Ausschließlich Feen waren hier am Werk. Architektinnenfeen, Statikerinnenfeen und Abertausende Handwerkerinnen- und Bauarbeiterinnenfeen.

Tusnelda wälzt sich vergnügt zwischen schaumigen Marshmallowmäusen, Huberta steht bibbernd in der Eistruhe und zählt im schwachen Licht ihrer winzigen

Taschenlampe sieben Eis. Eins ist Schoko-Vanille. Die anderen: Frucht, Frucht, Frucht. Igitt! Huberta erschaudert schon beim Anblick. Schoko-Vanille mag sie nämlich auch nicht besonders gern.

»Tusnelda!«, flötet Huberta aus der Truhe. »Hörst du mich?«

»Jaha!«, ruft Tusnelda. »Komm mal her, das ist hier super-gemütlich.«

»Nein, komm du! Hier gibt's ganz leckeres Eis. Du magst doch Eis?«

»Normalerweise schon, aber nie sonntags!«, ruft Tusnelda zurück und das ist noch nicht einmal gelogen.

Huberta wird trotz der eisigen Temperatur kochend heiß vor Wut. Und ihr wird übel bei dem Gedanken, das ganze Eis selbst vertilgen zu müssen. Aber die Vorstellung, dass Linn eines ergattern könnte, ist noch viel schlimmer, und deswegen überwindet Huberta Moloch-Meyer ihren Ekel und legt los.

5.

Frau Palm schlägt um Punkt acht Uhr dreißig die Augen auf und bricht in Gelächter aus. Was hatte sie für einen drolligen Traum! Sie, eine gestandene Büdchenbesitzerin um die sechzig, hatte geträumt, dass eine Fee ihr ganzes Eis aufgegessen hat. Anschließend war die Fee ganz grün im Gesicht, weil ihr logischerweise bei dieser Menge Eis sehr übel geworden war.

Jetzt aber raus aus den Federn!

Duschen, anziehen, Kaffee kochen und trinken, Butterbrote mit und ohne Marmelade essen, das Haar föhnen, die Sittiche füttern und dann ab hinaus, Richtung Büdchen. Was für ein herrlicher Tag! Frau Palm fühlt sich pudelwohl. Sie macht große Schritte und lässt es sich nicht nehmen, dem zahmen Eichhörnchen eine Nuss zu spendieren.

Huberta Moloch-Meyer ist grün im Gesicht, hält sich den Bauch und muss fast kotzen. Aber dann hört sie den Schlüssel in der Tür und verlässt schleunigst die Eistruhe, das Fliegen fällt ihr unheimlich schwer, so vollgefressen, wie sie ist. Außerdem haben ihre Flügel die Eiseskälte nicht gut vertragen, sie lassen sich nur schwer bewegen.

Auch Tusnelda Wimperklimper hat den Schlüssel im Schloss gehört. Schnell und leicht, mit nichts als einer sauren Weingummigurke im Magen, erhebt sie sich mühelos und flattert hinauf zu einem Regal, auf dem Konserven- dosen stehen. Sie nimmt auf einer Dose Ravioli Platz, baumelt mit den Beinen und ist gespannt, was als Nächstes geschieht. Sie hat Lust zu popeln, also popelt sie. Feen sind zuweilen ganz schön radikal.

Huberta Moloch-Meyer trudelt plump durchs Büdchen und weiß nicht recht, wohin. Schließlich lässt sie sich auf einen Turm aus Kartons plumpsen.

Frau Palm spaziert herein, zieht das Rollo hoch und erspäht durchs Thekenfenster zwei Kinder in Sommerklei- dung. Es sind Henri und Linn. Frau Palm schiebt die Scheibe

beiseite und sagt Folgendes: »Guten Morgen, was darf's denn sein?«

Die Kinder sagen: »Guten Morgen, wir hätten gern jeweils ein Eis für zwei Euro.«

»Gern«, sagt Frau Palm und zeigt auf der Eistafel, welche Sorten sie noch hat.

Linn möchte den grünen Apfelelefanten und Henri entscheidet sich für den Schoko-Vanille-Panda.

»Da hast du aber Glück«, sagt Frau Palm, »denn soweit ich weiß, gibt es nur noch einen Panda.«

»Da habe ich aber wirklich Glück, denn ich mag kein Fruchteis«, sagt Henri.

Das lässt Huberta aufhorchen. Kurz ist sie irritiert, mit einem Menschenkind etwas gemeinsam zu haben. Sie rülpst aus Versehen.

Alle horchen auf.

»Habt ihr das gehört?«, fragt Frau Palm.

»Ja, aber was war das denn?«, fragt Henri.

»Es hörte sich an, als hätte da jemand gerülpst«, sagt Linn.

»Na, dann wird es gewiss keine Zahnfee gewesen sein,

denn Zahnfeen wissen, wie man sich benimmt«, sagt Frau Palm zwinkernd und deutet auf Henris Zahnlücke.

»Aber Frau Palm, es gibt doch in echt überhaupt keine Feen«, sagt Linn.

»Und woher habe ich dann mein Geschenk?«, fragt Henri.

»Vielleicht haben deine Eltern das Buch gekauft und eingepackt und aufs Kissen gelegt«, überlegt Linn.

»Das möchte ich stark bezweifeln«, gibt Henri zurück. »Meine Eltern wussten ja gar nicht, wie sehr ich mir die größten Irrtümer der Menschheitsgeschichte gewünscht habe.«

Frau Palm geht zur Truhe. Öffnet sie. Reißt die Augen auf, kneift sie zusammen, schüttelt sich kurz, schließt die Truhe, geht zum Thekenfenster und verkündet: »Kinder, es tut mir leid, aber ich habe kein einziges Eis mehr in der Truhe. Ich nehme an, letzte Nacht wurde eingebrochen.«

Daraufhin lässt sie das Rollo vor der Nase der Kinder herunter, kommt aus dem Büdchen und klebt ein Schild ans Rollo, darauf steht: *Heute geschlossen.* Frau Palm zückt ihr Handy.

6.

Kommissar Pawlowski presst Wiesenblumen zwischen den Seiten eines dicken Buches. Das Pressen von Blumen ist sein liebster Zeitvertreib. Manchmal sitzt er wochenlang in seinem Büro und macht nichts anderes. Das Städtchen, in dem der Kommissar Blumen presst, ist klein und meist geht es hier friedlich zu. Kommt es doch mal zum Streit, ist er nach ein paar Minuten, spätestens nach einem Viertelstündchen, geschlichtet. Einen Diebstahl gab es zum letzten Mal vor vierunddreißig Jahren und da war Kommissar Pawlowski noch kein Kommissar, sondern ein Schüler mit durchschnittlichen Noten. Allein in Kunst hatte er immer eine Eins.

Vor vierunddreißig Jahren wurde ein Schild mit der Aufschrift *Verboten* gestohlen. Was genau verboten war, daran scheiden sich die Geister. Es gibt viele Gerüchte, teils bizarre Geschichten und Mutmaßungen. Aber kaum jemand aus dem Ort scheint sich wirklich daran zu erinnern. Das Schild wurde nie gefunden und auch nicht ersetzt.

Was macht der Kommissar mit den vielen gepressten Blumen? Er klebt sie auf Grußkarten. Pawlowski ist ein Bastelgenie. Wer eine von ihm selbst gemachte Grußkarte geschenkt bekommt, kann sich sehr glücklich schätzen. Noch nie ist eine Grußkarte vom Kommissar in einer Schublade oder gar im Altpapier verschwunden. Stattdessen stehen sie gut sichtbar auf Kaminsimsen, Fensterbret-

tern, auf Beistelltischen. In manchen Haushalten zieren sie Bücherregale, in anderen stehen sie auf dem Nachtschränkchen.

Kommissar Pawlowski ist erstaunt, als an diesem Sonntag um kurz nach zehn das Telefon klingelt. Er nimmt an, jemand habe sich verwählt, also hebt er ab und sagt: »Guten Tag, Sie sind hier bei Kommissar Pawlowski gelandet, aber das ist nicht schlimm. Jeder kann sich mal verwählen.«

Wenig später sitzt der Kommissar auf seinem Klapprad und radelt durch den sommerlichen Ort. Tausend Gedanken gehen ihm durch den Kopf. Zum Beispiel dieser: »Werde ich den Fall lösen?«

Natürlich wird er nicht. Wie sollte er? Er glaubt nicht an die Existenz von Feen. An diesem Tag wird sich Kommissar Pawlowskis Leben total ändern. Er wird von nun an weniger Blumen pressen und daher auch weniger Grußkarten basteln und stattdessen immer wieder aufs Neue über den Eisdiebstahl an jenem Sonntag nachdenken und dann wird er eines Tages in Rente gehen und den Eindruck haben, er habe versagt.

Aber davon weiß er natürlich jetzt noch nichts. »Guten Tag«, begrüßt er Frau Palm und die Kinder.

»Guten Tag«, sagen Frau Palm, Linn und Henri.

Frau Palm erzählt ganz genau, was passiert ist. Der Kommissar macht sich Notizen. Dann erkundet er das Büdchen von außen und von innen. Alles, was er entdeckt, ist das Loch in der Truhe. Was es damit auf sich hat, will er wissen, aber Frau Palm sieht das Loch auch zum ersten Mal. »Jedenfalls passt da wohl kaum ein Dieb durch«, gibt sie zu bedenken. Der Kommissar nickt und notiert sich das.

Pawlowski macht Fotos von der Truhe, von außen und von innen, und dann macht er ein Foto von Frau Palm, weil sie so schön aussieht. Und Frau Palm macht ein Foto von Pawlowski, weil der auch so schön aussieht.

»Ist es schon dreizehn Uhr?«, ruft Linn von draußen.

»Noch nicht mal elf«, ruft der Kommissar zurück.

»Dann sind es immer noch über zwei Stunden, bis die Eisdiele aufmacht«, sagt Henri.

Linn lässt den Kopf hängen.

»Hehehehehe«, lacht Huberta Moloch-Meyer. Sie und Tusnelda haben das Büdchen längst verlassen, sitzen auf dem Ast einer Birke und beobachten das Geschehen.

»Die arme Kleine«, flüstert Tusnelda Wimperklimper.

»Mein Onkel Paul hat eine Eismaschine!«, ruft da plötzlich Henri.

»Das ist ja fantastisch!«, ruft Linn und ihr ganzes Gesicht strahlt.

»Verdammt«, flucht Huberta.

»Wie schön«, freut sich Tusnelda.

 **7.**

Onkel Paul, der alte Witzbold, steht im Garten und versucht, seinem Papagei einen neuen komplizierten Zungenbrecher beizubringen.

»Ulli«, sagt Paul. »Sag mal: Ein Kaplan klebt Pappplakate, Pappplakate klebt ein Kaplan.«

Ulli ist siebenundneunzig Jahre alt und in der Lage, sieben Zungenbrecher zu sprechen, ohne sich ein einziges Mal zu verhaspeln. Sein Gefieder riecht nach Marzipan und er kündigt immer an, wenn Besuch kommt. »Besuch!«, ruft er auch jetzt.

»Oh, hallo, Henri, du bist aber früh unterwegs!«, sagt Onkel Paul. »Hallo, Linn, lange nicht gesehen«, fügt er hinzu.

»Tachchen! Tachchen!«, sagt Ulli.

»Blöder Papagei«, flüstert Huberta, die auf dem Dach des Gartenhauses neben Tusnelda Platz nimmt.

»Ich finde ihn wunderschön«, flüstert Tusnelda zurück.

Henri informiert Onkel Paul über den Grund für den frühen Besuch und zeigt ihm dann seine Zahnlücke.

»Uiuiui«, freut sich Onkel Paul. »War denn auch schon die liebe Zahnfee da?«

»Siehst du?«, zischt Huberta. »An dich glaubt jeder Trottel.«

»Vielleicht weil ich nicht so gemein bin wie du«, flüstert Tusnelda zurück.

»Schleimerin«, zischt Huberta.

»Fiese Kröte«, zischt Tusnelda.

Eine Kröte fällt vom Himmel.

Das ist normal. Wenn eine Fee das Wort Kröte ausspricht, passiert das immer.

Das hatte Tusnelda vergessen. Feen haben viele merk-würdige Fähigkeiten, unmöglich, dass sie sich derer ständig bewusst sind.

Die Kröte landet genau vor Onkel Pauls Füßen.

Alle sind erstaunt.

Am erstauntesten ist die Kröte selbst. Eben noch hatte sie

auf dem Blatt einer Seerose gesessen und über etwas nach-
gedacht. Und jetzt das. Zum Glück hat sie sich beim Sturz
vom Himmel nicht verletzt.

»Ist die süß«, ruft Linn, kniet sich hin und stupst die
Kröte mit einem Finger an.

Lass das, das kitzelt, denkt die Kröte, kann es aber nicht
sagen, schließlich ist sie weder Mensch noch Fee noch
Papagei.

Henri hockt sich auch hin und stupst die Kröte sachte in
die Seite.

Hör sofort auf, Blödmann, denkt die Kröte.

»Fischers Fritze fischt frische Fische, frische Fische fischt
Fischers Fritze«, sagt der Papagei, ohne sich auch nur ein
einziges Mal zu verhaspeln.

Ich bin kein Fisch, denkt die Kröte, die immer alles auf
sich bezieht.

»Wo waren wir stehen geblieben?«, fragt Onkel Paul.

»Wir wollten gerade reingehen und Eis machen«,
antwortet Linn, die fast ihren Plan vergessen hatte. Kein
Wunder bei all den Turbulenzen: Henris Milchzahnverlust,

der Eisdiebstahl, die Kröte, die vom Himmel gefallen ist, da kann man schon mal einen Plan aus den Augen verlieren vor lauter Verblüffung und Irritation.

»Können wir die Kröte behalten?«, fragt Henri.

Spinnst du?! Bloß nicht, denkt die Kröte und hüpft hastig davon.

»Och, schade!«, ruft Henri.

Onkel Paul klatscht in die Hände: »Kommt, Kinder!«, und geht, Ulli auf der Schulter, schnurstracks Richtung Haus. Linn und Henri folgen ihm.

Die Feen flattern ihnen leise hinterher.

In der Küche steht die tolle Eismaschine. Sie ist türkis und glänzt. Linn kann sich in ihr spiegeln. Sie zieht ein paar Grimassen.

Onkel Paul stellt die nötigen Zutaten auf die Arbeitsplatte: Milch, Sahne, Zucker, Eier, Nüsse und Schokoladensoße.

»Ulli hat auf deine Schulter gekackt«, sagt Henri.

»Ach, Ulli«, sagt Onkel Paul. »Muss das denn immer sein?«

»Brautkleid bleibt Brautkleid und Blaukraut bleibt Blaukraut«, sagt Ulli.

Onkel Paul verschwindet kurz aus der Küche und kommt wenig später in einem neuen Hemd und ohne Ulli zurück.

»Ulli guckt ein bisschen fern«, erklärt Onkel Paul.

Und dann geht's endlich los.

Linn glüht. Gleich, endlich, endlich, endlich wird sie das

erste, zweite und bestimmt auch noch dritte und vierte Eis des Tages essen und jedes einzelne Eis wird besser schmecken als alle Eis auf der ganzen Welt. Denn nichts ist so lecker wie etwas selbst Zubereitetes.

Flink pfeffern sie alle Zutaten in die Maschine, Linn darf den Startknopf drücken und schon legt die Maschine knatternd und brummend los.

»Das dauert jetzt ein halbes Stündchen und dann können wir Eis essen«, sagt Onkel Paul.

Weil so schönes Wetter ist, gehen sie wieder in den Garten und spielen Boule.

Huberta verlässt ihr Versteck und fliegt Richtung Maschine.

Sie verschafft sich einen kurzen Überblick über die Situation und dann handelt sie blitzschnell: Huberta flattert in den Flur, findet sofort den Stromkasten, schaltet alle Sicherungen aus, der Fernseher geht aus, Ulli erschrickt. Huberta schwirrt zurück in die Küche, öffnet ihren Werkzeugkasten, findet eine winzige Säge und beginnt, das Kabel der Eismaschine zu zerstören.

»Du bist echt so gemein!«, ruft Tusnelda, die es sich im Obstkorb bequem gemacht hat. »Komm doch mal lieber her und lass uns auf einer Banane wippen.«

Aber Huberta Moloch-Meyer ist taub in ihrem Zorn und Hass. Sie sägt und sägt und sägt, ihr Handgelenk schmerzt, doch das nimmt sie auf sich. Es ist ihr natürlich vollkommen egal, was Tusnelda von ihr hält. Warum ist sie nur so geworden? So gehässig und gemein?

Man kann nur mutmaßen.

8.

Wie viele vielleicht nicht wissen, schlüpfen Feen aus Eiern. Die Eier werden meistens von Rotkehlchen ausgebrütet. Den Rotkehlchen ist das nicht bewusst, sie denken, die Eier, auf denen sie hocken, wären allesamt von ihnen. Da stellt sich natürlich sofort die Frage, wie ein Feenei in einem Rotkehlchennest landet. Eine berechtigte Frage, die aber nicht beantwortet werden kann. Es hat auf jeden Fall etwas mit Firlefanz, Magie und Spuk zu tun.

Es heißt, Feen, die mit Leichtigkeit das Ei verlassen, entwickeln sich zu eher heiteren Gemütern. Sie begreifen das Leben als Spiel, als Jahrmarkt der Möglichkeiten, auf dem sie sich mit Vergnügen tummeln.

Feen, die schon beim Schlüpfen Schwierigkeiten haben, weil sie sich an der Eierschale schneiden oder es sie sehr anstrengt, die Schale zu zertrümmern, entwickeln häufig einen Hang zur Schwermut. Vielen von ihnen gelingt es aber glücklicherweise im Lauf ihres Lebens, diese unfassbare Traurigkeit zu überwinden.

Es gibt jedoch keine Statistiken darüber, ob zu Grobheit, Hinterhältigkeit und Fanatismus neigende Feen wie Huberta Moloch-Meyer mit Leichtigkeit oder unter schwierigen Bedingungen das Ei verlassen haben. Huberta beispielsweise brauchte gar nicht selbst zu schlüpfen, das Ei, in dem sie saß, fiel aus dem Nest und zerbrach. Ihr geschah dabei nichts, sie brauchte sich nur hinzustellen und loszuflattern.

9.

Das halbe Stündchen ist um, Onkel Paul und die Kinder lassen die Boulekugeln fallen und rennen ins Haus, stürzen in die Küche, Linn darf den Schalter der Eismaschine auf

Aus stellen, sie darf auch den Deckel hochheben und sieht somit auch als Erste, dass in der Maschine kein Eis ist, sondern Matsche.

Große Empörung! Wie kann das sein?! Eine nagelneue Eismaschine, erst zum dritten Mal in Gebrauch und schon ist sie kaputt, hoffentlich hat Onkel Paul den Bon noch, damit er sie umtauschen kann, denn billig war das Ding nicht und ...

»Guck mal, das Kabel«, sagt Henri.

»Häääääää?!«, ruft Onkel Paul.

»Hehehehehe«, lacht Huberta in ihrem Versteck.

»Hast du ein Kaninchen?«, fragt Linn. Sie steht ein bisschen unter Schock, dass es schon wieder kein Eis gibt.

»Nur einen Papageien«, sagt Onkel Paul.

»Knabbert Ulli an Kabeln?«, fragt Henri.

Onkel Paul verlässt die Küche, sieht im Flur, dass die Sicherungen alle rausgeknallt sind, er denkt, das ist geschehen, weil Ulli, wer sonst, das Kabel durchgeknabbert hat.

»Sag mal, bist du närrisch?«, schimpft Onkel Paul mit Ulli. »Wirst du jetzt seltsam auf deine alten Tage? Denkst du, du bist ein Kaninchen, oder was? Sei bloß froh, dass die Sicherungen rausgeknallt sind, sonst wärst du jetzt mausetot.«

»Der Leutnant von Leuthen befahl seinen Leuten, nicht eher zu läuten, bis der Leutnant von Leuthen seinen Leuten das Läuten befahl«, sagt Ulli, ohne sich auch nur ein einziges Mal zu verhaspeln.

10.

In einer Stunde macht die Eisdiele auf. Bis dahin müssen Linn und Henri sich anders beschäftigen.

Sie spielen Fangen in Onkel Pauls Garten. Sie bauen ein Vogelhaus mit Onkel Paul. Sie essen Kirschen und bespucken sich mit Kernen, was man halt so macht, wenn es gilt, eine ellenlange Sonntagmittagsstunde herumzukriegen.

Und dann ist es wie immer sonntags um eins: Das Glockenspiel im Ortskern ertönt laut und wunderschön. Die Melodie schwebt über dem ganzen Städtchen.

Der Kommissar fordert Frau Palm zum Tanz auf, Linns Eltern werden wach, Henris Eltern werfen sich Kusshände zu, Ulli plustert sich auf, Onkel Paul schaut versonnen zum Himmel, Tusnelda dreht in der Luft Pirouetten und Huberta steckt sich die Finger in die Ohren.

Signor Bernardi reißt mit einer großen Bewegung die Türen des alteingesessenen Familienunternehmens, sprich: seiner Eisdiele, auf.

Das Glockenspiel verstummt. Stattdessen Kindergeschrei. Abertausende strömen zur Eisdiele. Das ist ein wenig übertrieben. So viele Menschen wohnen hier nicht. Aber es sind schon unheimlich viele, die an diesem sonnigen Sonntagmittag Appetit auf ein Eis haben.

»Och, Mann«, nörgelt Linn, als sie die Schlange vor der Eisdiele sieht. »Wir hätten eher losrennen müssen.«

»Mach dir keine Sorgen, denn es ist echt noch nie passiert, dass Bernardi das Eis ausgeht«, tröstet Henri sie. Was für ein feiner Freund er ist.

Huberta sitzt bereits in einem der Eisbehälter und schaufelt mit beiden Händen Eis in ihren Mund. Nur weil Signor Bernardi so viel zu tun hat, sieht er die Fee in seinem Eis nicht.

Tusnelda hat sich hinter der Kaffeemaschine versteckt und beobachtet alles aus sicherer Entfernung. Sie ist ziemlich fassungslos, dass Huberta sich einen Dreck darum schert, jeden Moment entdeckt werden zu können. Aber Tusnelda hat keine Chance einzugreifen, denn dann würde sie vielleicht selbst gesehen werden. Außerdem hat sie inzwischen verstanden, dass Huberta sich nicht von ihrem Vorhaben, Linns Plan zu zerstören, abbringen lässt.

Und dann sind endlich Linn und Henri an der Reihe.

»Ciao, Kinder, was darf's denn sein?«, fragt Signor Bernardi.

»Ich hätte gern einen Waffelbecher mit zwei Kugeln. Schoko und Erdbeere, bitte«, sagt Linn.

»Ich hätte auch gern einen Waffelbecher mit zwei Kugeln – und zwar mit Schlumpf und Vanille«, sagt Henri.

»Darf's mit Sahne sein?«, fragt Bernardi.

»Wir haben nur je zwei Euro«, erklärt Linn. »Das reicht leider nicht für ein Sahnehäubchen.«

»Aber schön wär's schon?«, fragt der runde nette Mann.

»Schön wär's schon«, antworten Henri und Linn im Chor.

»Wisst ihr was? Ich schenke euch die Sahnehäubchen. Denn heute habe ich meine Spendierhosen an. Außerdem hatte ich einen interessanten Traum. Ich kann mich zwar nicht mehr genau daran erinnern, aber der Traum hat mir ein angenehmes Gefühl beschert. Darum bin ich so heiter und in Schenklaune.«

»Danke, das ist aber sehr freundlich, Signor Bernardi«, sagen Henri und Linn.

Es sind nur Sekunden. Keine Chance zu entkommen. Alles geht blitzschnell:

Ein aus Hubertas Perspektive riesiger Eisportionierer schießt auf sie zu. Und schon im nächsten Moment wird sie mitsamt einer Kugel Schokoeis in einen Waffelbecher gefüllt und in der nächsten Sekunde landet ein riesiger Berg Sahne auf ihr. Und das war's erst mal mit dem Fiessein, denn Huberta fällt in Ohnmacht.

Tusnelda erschrickt.

11.

»Juchhu!! Endlich meine ersten zwei Kugeln Eis!«, freut sich Linn und springt los, Richtung Kleinstpark.

Henri springt hinterher.

Der Kleinstpark ist eine Oase der Ruhe inmitten des ohnehin schon sehr ruhigen Ortes. Im Sommer ist dies der beste Platz, um ein Eis zu essen. Denn im Park liegen überall Felsbrocken in Form von großen und mittelgroßen Tieren rum. Wie die dahingekommen sind, weiß kein Mensch, aber sie sind wunderbar, man kann darauf sitzen und sich vorstellen, man sitze auf einem echten Pferd oder Kamel oder Grizzlybären.

»Ist das lecker!«, ruft Henri.

»Und dann noch mit geschenkter Sahne«, freut sich Linn und schaufelt sich einen Riesenhaufen Sahne samt Eis (und

Huberta Moloch-Meyer) in den Mund. Sie spuckt sofort wieder aus. »Igitt, was ist das denn?«, ruft Linn angewidert.

Huberta, in Linns Mund aus ihrer Ohnmacht erwacht und einen klitzekleinen Moment später ausgespuckt, schwirrt unter Schock und mit klebrigen Flügeln hinfort.

»Was war das denn? Eine Libelle?«, fragt Henri.

»Baahh! Ich hatte eine Libelle im Mund!«, ruft Linn und schüttelt sich.

»Gut, dass du sie nicht verschluckt hast. Und sie schien nicht verletzt zu sein«, versucht Henri, Linn zu beruhigen.

»Kannst mein Eis auch haben, ich gebe auf, ich esse heute kein Eis mehr«, schimpft Linn, springt vom Grizzly, stellt den Eisbecher auf den Boden und marschiert los.

Auch Henri steigt vom Felsen. Er kniet sich hin, um Linns Eisbecher mitzunehmen – da entdeckt er etwas Kleines, etwas Weißes mit einem bisschen Rot dran.

»Linn!«, ruft er. »Ich glaub, du hast deinen Wackelzahn verloren! Beim Ausspucken der Libelle bestimmt!«

Linn bleibt stehen.

Tusnelda zuckt zusammen. Sie sitzt etwas entfernt auf einem Felsen in der Form eines Gnus und hat natürlich alles beobachtet. Gerade eben wurde Huberta fast von einem Kind aufgegessen. Tusnelda muss das eigentlich erst mal in Ruhe verarbeiten. Auch dass Huberta für so etwas freundlich Schimmerndes wie eine Libelle gehalten wurde, überrascht Tusnelda zutiefst. Libellen wünschen keinem Kind etwas Böses. Libellen kennen das Wort böse nicht einmal. Sie sind unbeschwerte, verträumte Geschöpfe. Sie ähneln, wenn überhaupt, eher einer lieben Zahnfee wie mir, denkt Tusnelda. Aber jetzt gilt es, keine Zeit mehr zu verlieren mit

Grübeleien über das Libellengemüt, denn: Ein Milchzahn hat einen Kindermund verlassen! Das heißt, Tusnelda muss aktiv werden. Sie braucht ein Geschenk.

12.

Huberta trudelt mit verklebten Flügeln durch einen
kleinen Wald am Rande der Stadt. Sie steht noch immer
unter Schock. Sie sieht so aus, wie sie sich fühlt: verklebt,
zerknüllt, matschig. Sie landet plump auf der Blüte einer
langstieligen Waldblume. Sanft wippt sie hin und her. Sie
hält die Augen geschlossen und atmet tief ein und aus.
Sie beginnt nachzudenken. Vielleicht zum allerersten Mal
in ihrem Leben denkt Huberta Moloch-Meyer über sich
nach. Und da wird sie ganz traurig. Denn sie weiß, dass sie,
nachdem sie fast von einem Kind verschluckt wurde, nicht
mehr dieselbe sein kann. Die Freude am Fiessein ist ihr
verloren gegangen.

»Aber was bin ich ohne meine Böswilligkeit?«, denkt
Huberta betrübt. »Ich bin leer. Ein Nichts.«

Von links kommt etwas angehüpft. Es ist eine gewisse
Kröte, die kürzlich vom Himmel gefallen ist. Sie ist auf dem
Weg zurück zu ihrem geliebten Seerosenteich.

Huberta und die Kröte starren sich an. Die Kröte spielt
kurz mit dem Gedanken, das nach Eiscreme riechende
matschige Flatterding zu verspeisen. Aber da beginnt das
Flatterding, zu sprechen und zu weinen, es schüttet sein
Herz aus. Die Kröte isst grundsätzlich nichts, was sprechen
kann.

13.

Niedergeschmettert geht Linn nach Hause. Sie hat keine Lust mehr, mit Henri noch ein bisschen in den größten Irrtümern der Menschheit zu stöbern. »Nichts für ungut«, sagt sie. »Aber ich brauche jetzt erst mal ein bisschen Zeit für mich. Stell dir vor, ich traue mich nie wieder, ein Eis mit

Sahne zu essen, weil da eine Libelle drin sein könnte, das wäre doch furchtbar!«

Henri umarmt seine Freundin. »So wird es nicht kommen, dafür isst du viel zu gern Eis.«

Zu Hause frühstückt Linn mit ihren Eltern. Sie ist schweigsam und nachdenklich. Wie kann es bloß sein, dass man sich so etwas Cooles einfallen lässt, wie zehn Eis an einem einzigen Tag zu essen, und dann kriegt man kein einziges? Linn vergisst fast, ihren Eltern den Milchzahn zu zeigen, den sie beim Ausspucken der vermeintlichen Libelle verloren hat. Sie legt ihn wortlos auf den Küchentisch und geht in ihr Zimmer.

Dort beschäftigt sie sich mit dem Einüben einer Clownsnummer. Die beste Ablenkung, wenn man mürrisch gestimmt ist.

Es wird später Nachmittag. Es wird Abend.

»Linn!«, ruft da plötzlich Linns Mutter. »Ich glaub, die Zahnfee war da!«

Linn unterbricht ihre Clownerie und eilt Richtung Küche, denn egal ob es nun Zahnfeen gibt oder nicht, Linn kann sich sicher sein, dass ihre Mutter nicht gerufen hätte, wenn da jetzt nicht eine Überraschung auf sie warten würde.

Was mag es sein? Es ist hübsch verpackt, mit Schleife, typisch Zahnfee.

Linn knibbelt, um die Spannung zu verlängern, jeden Klebestreifen einzeln ab.

»Eine Eismaschine!«, ruft Linn. Sie strahlt. Ihre Eltern strahlen auch. Die ganze Küche wird hell.

»Also, wenn es wirklich Zahnfeen geben sollte, dann kommt das Geschenk von der allerbesten Zahnfee auf der ganzen Welt!«, ruft Linn überglücklich.

Tusnelda in der Zuckerdose errötet. Wieder einmal hat sie Freude in die Welt gebracht, was gibt es Schöneres? Es gilt weiterzuziehen.

13.

Tusnelda schwebt, ein Lied summend, durch den Ort, die Sonne geht unter, das Licht ist warm und weich. Sie schaut hinab, sieht dort unten Frau Palm, die zusammen mit Kommissar Pawlowski Blumen pflückt, sie sieht, wie Signor Bernardi die Tür seiner Eisdiele abschließt, ein Lächeln auf den Lippen, ein wenig Sahne

im Haar, sie schwebt weiter, fliegt an Henris Zimmer vorbei, schaut kurz hinein, sieht Henri, der sich über die größten Irrtümer der Menschheitsgeschichte beugt, sie macht noch einen kleinen Umweg über Onkel Pauls Garten. Dort unten sitzen Paul und sein gefiederter Freund Ulli. Tusnelda kann die beiden zwar nicht verstehen, aber es schaut ganz danach aus, dass sie einen weiteren Zungenbrecher einüben.

Schließlich erreicht Tusnelda den kleinen Wald.

Dort unten ist der Seerosenteich. Tusnelda flattert auf der Stelle, schaut hinab; sie traut ihren Augen nicht. Dort unten sitzt die Kröte, die vor ein paar Stunden wegen ihr vom Himmel gefallen ist. Und wer ist da noch? Das gibt es doch nicht! Huberta Moloch-Meyer, quietschlebendig planscht sie ausgelassen im Wasser. Und sie lacht und sie jauchzt und sie sieht ganz anders aus als zuvor. Sie sieht ausgesprochen freundlich aus. Jetzt springt die Kröte auch ins Wasser und die beiden tollen zusammen herum.

Am liebsten würde Tusnelda mitmachen, aber sie will die beiden lieber nicht stören. Deshalb flüstert sie nur ganz, ganz leise: »Auf Wiedersehen.«

In heiterer Verblüffung schwebt sie hinfort.

ENDE

BETTINA GUNDERMANN

lebt in Dortmund. Sie schreibt Bücher für Kinder und Erwachsene, Theaterstücke und Drehbücher. Wenn sie nicht schreibt, liest sie, geht mit großer Begeisterung ins Kino oder auf Konzerte. Im Sommer sitzt sie mit Vorliebe in den Gärten anderer Leute, da sie selbst keinen hat. Manchmal radelt sie durch die Gegend, allerdings nur bei schönem Wetter. Schokoladeneis isst Bettina bei jedem Wetter. Sie hört außerdem sehr gern Musik, auch beim Schreiben. Und beim Tanzen natürlich sowieso.

© Sonja Maria Zahnberg

ALEXANDRA LANGENBECK

wurde an einem kalten Wintertag irgendwann im letzten Jahrhundert am Bodensee geboren und ist dort aufgewachsen. Nach ihrem Studium und einigen Jahren Berufserfahrung als Grafikerin verschlug es die studierte Kommunikationsdesignerin 2001 in den Norden: nach Hamburg. Dort entdeckte sie ihre Liebe zu Animationsdesign und arbeitete erfolgreich als freie Illustratorin für diverse Werbeagenturen, Verlage und als Animationsdesignerin für Kinofilme und TV-Serien. Dann kam der Ruf der Ferne ... dramatische Pause ... und nun lebt sie mit ihrer Familie im heiß-kalten Toronto, Kanada, wo sie weiterhin erfolgreich als Buchillustratorin und inzwischen auch als Tattooartist arbeitet. Um der Wahrheit die Ehre zu geben: Eigentlich ist sie geheime Eistesterin und verbringt den lieben langen Tag damit, Eis zu essen. Minzschokolade ist bisher ihr Favorit.

© privat

Mit Fragen zur Produktsicherheit wenden Sie sich bitte an: www.carlsen.de/kontakt

Wir behalten uns die Nutzung unserer Inhalte für Text und Data Mining
im Sinne von § 44b UrhG ausdrücklich vor.

© 2025 Carlsen Verlag GmbH, Völckersstraße 14–20, 22765 Hamburg
Originalausgabe
Text: Bettina Gundermann
Umschlag- und Innenillustrationen: Alexandra Langenbeck
Lektorat: Marlen Bialek
Satz und Gestaltung: Derya Yildirim
Lithografie: Buss & Gatermann GmbH u. Co. KG
ISBN 978-3-551-52212-2
Noch mehr schöne Bücher findest du auf www.carlsen.de